AF227078

Couverture inférieure manquante

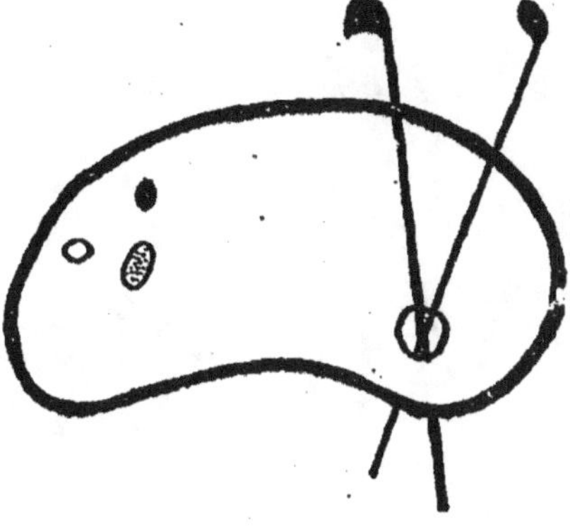

ORIGINAL EN COULEUR
NF Z 43-120-8

ABBÉ R. PLANEIX

Chanoine Honoraire

Supérieur des Missionnaires diocésains de Clermont-Ferrand

Le Culte

de la

Vierge Marie

En Auvergne

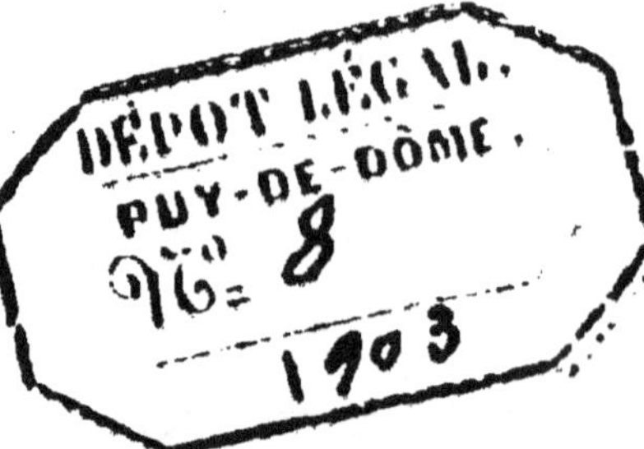

DÉPOT LÉGAL.
PUY-DE-DÔME.
No 8
1903

PARIS

LIBRAIRIE P. LETHIELLEUX

L²k
4895

LE CULTE

DE LA

VIERGE MARIE

EN AUVERGNE

Ik²
4895

Permis d'imprimer :

P. CHAUMONT,
Vic. Gén,

Clermont, le 28 novembre 1902.

Ce discours a été prononcé dans la Cathédrale de Clermont-Ferrand, le 5 octobre 1902.

Cette brochure a été déposée le 15 décembre 1902.

ABBÉ R. PLANEIX

Chanoine Honoraire

Supérieur des Missionnaires diocésains de Clermont-Ferrand

LE CULTE

DE LA

VIERGE MARIE

EN AUVERGNE

PARIS

P. LETHIELLEUX, Libraire-Éditeur

10, rue Cassette, 10

LE CULTE

DE LA

VIERGE MARIE

EN AUVERGNE

BIBLIOTHÈQUE R. F. NATION...

~~~~~~

Ego primogenita ante omnem creaturam... Et radicavi in populo honorificato... Et in civitate sanctificata similiter requievi.

Rien n'est plus ancien, ni plus traditionnel en France, rien ne se lie davantage aux destinées de cette nation que le culte de la Vierge Marie. Il y fut introduit avant la venue des Francs, et il s'y est tellement naturalisé, depuis ces origines lointaines, qu'un grand pape n'a pas craint de pro-
~~~~~~

clamer la France impérissable, parce qu'elle est le royaume de Marie. C'est une de ces prophéties que les pontifes romains ont faites tant de fois sur l'avenir de notre pays, et dont le souvenir nous reste, dans les heures mauvaises, pour fortifier les cœurs chancelants et pour relever les courages abattus. Oui, quand on consulte l'histoire de nos églises, quand on considère les monuments élevés sur tant de points de notre sol par le génie des ancêtres, on voit que, depuis seize cents ans, Marie a régné parmi nous d'une frontière à l'autre.

Mais il y a une ville, en France, où il semble qu'elle ait acquis particulièrement droit de cité, une province, où son culte a jeté les plus profondes racines : cette ville, un orateur en renom, Claude de Barrière, le proclamait déjà devant Boniface IX au xivme siècle, c'est Clermont ; cette province, c'est l'Auvergne. *Et radicavi in populo honorificato... Et in civitate sanctificatâ similiter requievi.*

Je me propose de vous parler de ce sujet et de résumer devant vous ce que l'histoire nous apprend des origines du culte de Marie dans notre pays et de ses progrès à travers les âges. Les exemples entraînent ; qu'est-ce qui pourrait mieux éclairer et fortifier votre dévotion que le spectacle immense des siècles remplis de l'amour de vos ancêtres pour la glorieuse Vierge? Qu'est-ce qui pourrait mieux justifier et accroître votre reconnaissance que le récit des bienfaits qu'elle a répandus à pleines mains tout le long de notre histoire? Les triomphes de Marie sur le paganisme et sur la barbarie dans les temps plus reculés, — ses vic-

toires sur les hérésies, et les développe-
ments de son culte dans les âges modernes,
tout, dans ces deux grandes périodes, nous
montre, tout nous atteste que vous êtes
vraiment le peuple honoré dans lequel elle
a plongé ses racines, la cité bénie où elle a
fixé son séjour... *Et radicavi in populo
honorificato... Et in civitate sanctificatâ
similiter requievi.*

Au témoignage de l'histoire, les Arvernes
avaient combattu jusqu'au bout pour leur
indépendance contre les envahissements de
la domination romaine. Alors que toute la
Gaule et le monde entier s'inclinaient devant

la majesté des faisceaux, les vaincus de
Gergovia résistaient encore, et ils faisaient
de leur pays le dernier asile du patriotisme
et de la liberté.

Cependant, à la suite des Romains,
bientôt d'autres conquérants accourent,
conquérants étranges, tels qu'on n'en avait
jamais vus, faibles, dépourvus de tout,
avides seulement de verser leur propre
sang, — et voici que ces Gaulois indomp-
tables, dont les vieux légionnaires n'étaient
jamais arrivés à avoir raison, fléchissent
peu à peu la tête sous la houlette pacifique
des envoyés de Pierre.

Comment donc et par qui s'opère un tel
miracle? Est-ce par la force des armes?
Non, car ils n'avaient point d'autre arme
qu'une croix de bois. Est-ce par l'éclat du
talent ou de la naissance? Non, la plupart

étaient des plébéiens obscurs; leurs mains durcies et leur teint hâlé indiquaient un métier de bas étage. Est-ce par les fascinations de l'éloquence? Non, assurément : ils n'étaient pas de ces discoureurs habiles, que la foule applaudit au forum ou sous les portiques, mais des illettrés, de rudes villageois, étrangers aux artifices de la rhétorique et dont le patois aurait offensé des oreilles habituées aux charmes de la parole... Ce miracle, que la force matérielle et le génie n'avaient pas pu réaliser, s'accomplit par l'influence forte et suave de Marie.

A peine, en effet, eut-il mis le pied sur le sol de l'Auvergne, qu'Austremoine la consacra à Marie, et qu'il plaça sous son patronage le programme et les espérances de son apostolat. Il y avait alors à *Laudosum*, dans la région de Lezoux, un temple d'Apollon, célèbre dans toute la province. L'apôtre, venu de Rome, alla frapper de son bâton de voyageur à la porte de ce temple : en l'entendant, l'idole reconnut dans cet étranger une force plus grande que la sienne ; elle s'agita, comme prise de peur, sur son trône ; on vit l'édifice entier s'ébranler sur ses bases, chanceler, des fondements jusqu'au faîte, et s'abîmer enfin dans un immense effondrement. On dit que sur ses ruines un autel fut élevé à la Vierge Marie. Et ainsi, dès l'origine, elle prit possession de l'Auvergne, dont elle devait rester, à travers les siècles, la reine incontestée.

A quelque temps de là, seul, les vêtements pauvres, des sandales aux pieds, Austre-

moine entrait dans la cité des Arvernes par
cette large voie romaine, qui allait de Lyon
à l'Océan en traversant ces régions. Ah !
quelle étrange révélation dût être celle qu'il
fit au premier Gaulois qu'il rencontra sur sa
route : « Étranger, que viens-tu faire parmi
nous ? — Je viens détruire les temples de vos
idoles, et, sur leurs ruines, établir la religion
de ce supplicié qu'on a fait mourir à Jérusa-
lem sur une croix, et le culte de sa Mère. —
Mais, où est la puissance pour réaliser une
telle entreprise ? Nos temples ont été bâtis
avec le granit de nos montagnes. Ne les
vois-tu pas ? Ils dominent de leurs masses
géantes toutes les collines proches de la cité,
et là haut, sur le sommet le plus élevé, se
dresse le sanctuaire de Teutatès, notre invincible divinité. Où est la puissance pour les
renverser ? — Je n'ai pas de puissance ; mais

je porte, avec la croix du Christ, le culte de la Vierge Marie; elle triomphera de l'erreur; elle fera briller dans les ténèbres du paganisme une lumière inattendue et victorieuse. » Et le disciple des druides dut sourire de pitié en voyant quels prodiges rêvait d'accomplir ce pauvre fou d'étranger par l'influence d'une faible femme, morte en quelque coin perdu de la Judée.

Cependant, après l'avoir quitté, l'apôtre, son bâton à la main, gravit les pentes de la ville. Il arrive au point le plus élevé, dans la maison du sénateur Cassius, ici même, à l'endroit où devait s'élever un jour la cathédrale. Il y établit un oratoire à Marie, et il place sous la tutelle de la Vierge ce siège des évêques de Clermont, que rien, depuis ces origines lointaines, n'a pu arracher à ces fondements sacrés, et sur lequel devaient resplendir à travers les âges tant de vertu, et même tant de gloire et de génie. La foi chrétienne se répand de tous côtés. Quelques années plus tard, quand la persécution s'éleva, elle rencontra des martyrs nombreux, qui tombèrent avec courage et avec joie, les yeux fixés sur le maternel visage de Marie. Elle leur apparut comme l'idéal vivant de la femme forte, comme le type accompli de l'héroïsme. Sa beauté les ravit ; ses exemples les enflammèrent du désir de marcher à ses côtés sur les traces sanglantes de Jésus. Ils moururent par milliers, et leurs corps mutilés furent ensevelis autour d'un sanctuaire élevé à Marie, dit-on, par St Martial, dans un faubourg de la ville, et que la piété publique appela désormais N.-D. d'Entre-Saints... Ah ! chrétiens, si la poussière que vous foulez, si les pierres de nos vieilles églises et de nos cryptes ténébreuses pouvaient parler si les cendres de vos ancêtres pouvaient se faire entendre, que de scènes touchantes et instructives nous seraient révélées ! En ces temps obscurs et troublés, où tant de catholiques ne portent plus le signe de leur baptême que comme une étiquette souillée, où, trembleurs incorrigibles et éperdus, ils n'osent plus affirmer leur foi et se montrent toujours prêts à renouveler le reniement de Pierre ou la trahison de Judas, où des fronts pourtant virils commencent à fléchir sous le premier vent des persécutions, quelles éloquentes leçons vous recevriez de confiance en Marie, de vaillance chrétienne, d'inébranlable fidélité !

Ce fut donc la première victoire de Marie

en Auvergne, et voici la seconde : elle la remporta sur la rudesse et la fierté des peuples barbares. Depuis longtemps, ils stationnaient aux portes de l'empire, attendant l'heure où Dieu les appellerait avec ce coup de sifflet dont parle l'Ecriture, *sibilabo eis et congregabo illos.* Dès que cette heure eut sonné, ils envahirent par tous les points l'héritage des Césars, tombé aux mains d'usurpateurs sans génie comme sans vertu. L'Auvergne ne fut pas épargnée : les Visigoths d'abord, et plus tard, après la chute de l'empire d'Occident, les Sarrazins, les Francs d'Austrasie, les Normands la parcoururent en tous sens, laissant après eux des ruines et du sang.

Mais quand la poussière de ces ruines fut tombée, on aperçut sur tous les points de notre sol d'innombrables monuments, attestation inattendue d'une foi profonde et d'une civilisation avancée. La beauté de Marie était apparue aux barbares ; elle les avait adoucis et charmés. Au lieu de l'épée sanglante, la douce Vierge avait mis dans leurs mains la truelle et le ciseau pacifiques. Sous son influence, ces dévastateurs puissants étaient devenus si patients qu'ils n'avaient pas compté les siècles pour lui bâtir des églises, lui ciseler des portiques superbes, lui élever des flèches audacieuses. Y a-t-il un seul d'entre vous qui ne se soit arrêté, ému d'admiration, devant ces Notre-Dame, géants de pierre, dont la majesté nous étonne, dont les dimensions nous écrasent, dont l'harmonie nous éblouit, N.-D. de la Cathédrale trois fois réédifiée, N.-D. du Port deux fois reconstruite, N.-D. d'Orcival, N.-D. de Chamalières, de Montferrand, du

Marthuret... ? J'en cite quelques-unes
au hasard. L'art et les hommes ont fait,
dit-on, beaucoup de progrès en notre
temps : la richesse se bâtit des palais ; le
plaisir, des théâtres ; mais qu'est-ce que
cela, en vérité, comparé aux monuments
grandioses, élevés par la piété de vos pères,
et qui, malgré toutes les morsures du temps,
restent debout sous vos yeux, trophées
immortels des victoires de Marie.

Civiliser les barbares du dedans, c'était
beaucoup ; ce n'était pourtant pas assez. Il
fallait résister aux envahissements des barbares du dehors. Ce fut l'œuvre des Croisades.

Il est vrai, on élève contre ces grandes

entreprises bien des objections : « elles n'ont pas réussi ; elles ont coûté beaucoup de vies humaines ; elles ont ensanglanté l'Europe... » C'est là une de ces critiques, depuis longtemps démodées, une de ces vieilles ferrailles, prises par la rouille et ébréchées, qui traînent depuis trois siècles dans les arsenaux de l'impiété, une de ces redites surannées, maintes fois réfutées par la vraie science, sans qu'elle soit arrivée encore à bien faire entrer la vérité dans la cervelle close de la libre-pensée. Il n'est permis à personne aujourd'hui, pas même aux enfants des écoles primaires, d'ignorer que les croisades ont sauvé en Europe la civilisation, et c'est une gloire pour notre pays que ces entreprises aient commencé sous les auspices de la Vierge d'Auvergne.

Lorsque le fanatisme musulman menace

d'envahir l'Europe, c'est ici que la chrétienté s'assemble, qu'un grand pape harangue cent mille soldats, qu'il jette aux échos du monde entier ce cri de vaillance et de foi : Dieu le veut ! Pour appeler N.-D. du Port à son aide, il trouve des accents nouveaux. Devant sa sainte Image, il dit pour la première fois cette admirable messe : *Salve, sancta Parens*, que le sacerdoce catholique a prise sur les lèvres d'Urbain II pour la répéter à jamais. Trois fois le jour, les cloches de la ville commencent à sonner l'*Angelus* pour appeler les bénédictions de Marie sur l'entreprise des croisés. Les voilà qui s'assemblent, hommes d'armes, moines, seigneurs puissants, obscurs manants, et qui partent pour le lointain voyage : d'une main ils portent l'épée qui doit refouler les Sarrazins, et de l'autre, ils égrènent la couronne dont ils ont ceint leurs reins vaillants, initiant la chrétienté, trois cents ans avant St Dominique, à cette grande dévotion du Rosaire, si populaire aujourd'hui.

Et ne croyez pas que ce soit la seule fois où nos Vierges puissantes sont intervenues dans les démêlés de ce monde, et où leur protection a été invoquée par l'innocence ou par la faiblesse contre l'implacable obstination de la violence ou de l'iniquité. C'est aux pieds de notre Madone que Pascal II puise le courage de lutter sans défaillance contre quatre anti-papes et contre deux empereurs. Callixte II, doux arbitre des rois et des peuples, lui recommande la croisade nouvelle qu'il rêve d'entreprendre. Innocent Il assemble devant son Image tout l'épiscopat de l'univers pour condamner les erreurs, extirper les abus, faire régner partout les saintes lois de l'Evangile. Alexandre III cherche à ses pieds un asile contre les persécutions de Frédéric Barberousse, et il y puise le courage d'être sans crainte jusqu'à la fin devant la haine des tyrans. Que vous dirai-je encore? C'est à une Vierge d'Auvergne, N.-D. d'Orcival, que Louis XI de Bourbon, en marchant contre les Anglais, voue ses drapeaux, et il les laisse dans l'église, après la victoire, comme un trophée de gloire et de piété. C'est autour de la Vierge d'Orcival que Robert de Béthune, chargé de contenir les bandes de brigands qui ravageaient la France au xıv™ siècle, assemble ses soldats, et de là qu'il s'élance au combat et à la victoire.

Oui, mes frères, quand on remonte les siècles écoulés, quand on parcourt l'histoire des temps même les plus obscurs, il est facile de voir que s'il y a une cité que Marie ait bénie, s'il y a un peuple qu'elle ait soutenu dans toutes les épreuves, protégé dans tous les périls, sauvé de toutes les oppressions, et dont elle ait reçu, en retour, un dévouement durable et un vaillant amour, cette cité, ce peuple, c'est vous, c'est moi, c'est la très fidèle, très sainte et très glorieuse Eglise de Clermont. *Et radicavi in populo honorificato... Et in civitate sanctificatâ similiter requievi.*

La seconde moitié de notre histoire répond

à la première, et les temps modernes, en s'ouvrant par les triomphes de Marie sur les erreurs de Calvin et de Jansénius, ajoutent à ses gloires anciennes un éclat nouveau.

Vous connaissez tous Calvin. Il vivait au xvi⁰ siècle. C'était le fils d'un pauvre ouvrier, *unus de plebe homuncio*, dit-il lui-même. L'Eglise l'éleva, l'instruisit, veilla sur sa carrière, jusqu'au jour où, l'intérêt l'y poussant, il en vint à la trahir. Cela ne doit pas vous surprendre : depuis Julien l'Apostat, ces exemples n'ont jamais été bien rares ; le passé nous en offre plusieurs, sans parler de ceux du présent et que le temps n'a pas encore assez enfoncés dans l'histoire pour qu'il me soit loisible d'y insister. Calvin, tout en protestant sur les toits contre la corruption des catholiques et en demandant la réforme, songea médiocrement à se réformer lui-même, puisqu'il fut marqué au front par la justice avec un fer rouge pour immoralité. Mais cet opprobre n'empêcha pas son hérésie de faire en quelques années le tour de la France, et vous savez qu'ici même nos pères en ressentirent le contre-coup. Elle aurait plongé dans notre sol, comme en tant d'autres provinces, des racines profondes, si Marie n'avait pas été le palladium de l'Auvergne. L'antiquité indiscutable de son culte parmi nous fut une réponse victorieuse au reproche de nouveauté que les hérétiques lui adressaient. Et d'ailleurs, voici que bientôt, par une permission de Dieu, tout justifie, sous leurs yeux mêmes, le culte de Marie; tout en fait éclater la sainte efficacité : dès qu'on chante les louanges de la Vierge, les fléaux s'apaisent;

le ciel, s'il est devenu d'airain, s'ouvre, et laisse tomber une pluie féconde sur les campagnes desséchées, comme il arriva plusieurs fois dans la première moitié du XVIIme siècle ; les calamités publiques cessent, comme cessa, en 1632, ce terrible fléau de la peste, qui amena tant de fois dans les sanctuaires de Marie les populations épouva...ées, mais confiantes. Aussi bien, loin d'amoindrir la popularité de la bienheureuse Vierge, l'hérésie ne fait que la fortifier. De là cette grande manifestation de 1614, protestation spontanée de tout un peuple, et qu'on renouvela ensuite d'année en année, à la demande des magistrats de la ville, et par les soins des évêques, depuis Joachim d'Estaing jusqu'à Bochard de Saron. De là l'intrépidité avec laquelle le Chapitre du Port dénonce aux fidèles les écrits d'une orthodoxie douteuse, et la piété avec laquelle il implore par des prières publiques le secours de Marie contre le protestantisme. Et quand l'hérésie, après avoir épouvanté Clermont, démantelé Issoire, veut pousser ses bandes armées, sous les ordres d'un huguenot célèbre par ses cruautés, le capitaine Merle, jusqu'à nos montagnes, elle rencontre devant elle comme un rempart inexpugnable la Vierge de Vassivière. Les habitants hissent sa statue jusqu'au sommet du clocher, et Marie apparaît à tous comme la protectrice invincible de ces régions. Les flots de l'hérésie viennent expirer à ses pieds, impuissants et brisés ; nos sanctuaires demeurent presque partout inviolés ; la prière n'est pas suspendue autour des autels de Marie, et le protestantisme se retire peu à peu de notre province, comme les eaux débordées do quelque grand fleuve se retirent des belles campagnes que leur limon avait un moment souillées.

Un peu plus tard, quand le jansénisme sortit, comme une postérité nécessaire, des froides entrailles de la Réforme, il rencontra les mêmes barrières. Il semblait que notre province, avec son parlement, alors, disait-on, le plus célèbre de France, avec ses trois puissantes maisons de l'Oratoire, dévouées aux idées de Port-Royal, avec ses grands hommes enfin, qui, malheureusement, offraient leur appui aux doctrines nouvelles, Arnaud, sa dialectique vigoureuse, Soanen, sa science austère et profonde, Pascal, sa plume géométrique, Domat, sa mâle éloquence, il semblait, dis-je, que l'Auvergne réservât à l'erreur des triomphes faciles. Mais sur ce siège, placé par St Austremoine à l'ombre des autels de Marie, se succédèrent des pontifes étroitement attachés à l'unité catholique. Ils combattirent avec douceur et intrépidité toutes les tentatives de l'hérésie, et en sauvèrent leur clergé. Bientôt, de ce clergé, de la collégiale du Port partit cette attaque, célèbre dans l'histoire sous le nom de *Cas de conscience*, et qui porta au jansénisme un coup dont il devait mourir un jour, après des crises et des convulsions successives.

Ces temps écoulés, notre âge se pressa aux portes de l'histoire. Vous savez par quels malheurs il fut inauguré. Préparée depuis longtemps dans les esprits et dans les mœurs, la grande Révolution éclate ; la société est secouée sur ses bases ; tout l'édifice va crouler. Ici comme dans toute la France les destructions s'accumulent ; le bronze de nos cloches est descendu de ses flèches aériennes ; les ornements sacrés, les saintes images, les richesses artistiques des églises sont brûlées sur la place de Jaude ; mais ordinairement l'impiété recule devant les statues miraculeuses et je ne sais quel respect paralyse à moitié son bras destructeur.

Ce ne fut qu'une halte dans l'orage. La Révolution passa comme une tempête déchaînée et furieuse, et quand elle eut passé, Marie reprit sa place dans ses églises comme dans le cœur de ses enfants. Les statues, sauvées par des mains fidèles, furent replacées, tout imprégnées du respect des âges et d'une piété tant de fois séculaire, sur leurs trônes antiques, et les peuples reconnaissants reprirent, en chantant les louanges de Marie, les chemins qui mènent à ses sanctuaires.

Aujourd'hui même, alors qu'on dirait l'enthousiasme religieux mort au fond de beaucoup d'âmes, il semble que la popularité de Marie n'ait pas connu de déclin. Si je regarde parmi vous, je vois que la vie religieuse, par les Congrégations, par les œuvres, reste intense et prospère. Elles étaient nombreuses, ces religieuses admirables, qui se vouaient à l'éducation de vos enfants, leur apprenant, avec le respect de Dieu, la connaissance des principes qui doivent gouverner toute vie humaine dans la justice et dans l'honnêteté. Elles sont nombreuses aussi, celles qui se consacrent à secourir les variétés innombrables de la misère et qui l'attendent à tous les détours de son chemin. Le monde ne comprend pas, il ne peut pas comprendre ces merveilles. Il ne comprend pas qu'il y ait des jeunes filles vaillantes, des femmes courageuses qui laissent tout pour ne rechercher que ces fonctions humiliées. Il s'étonne que la religieuse, jeune et fortunée, se retire dans les salles lugubres d'un hôpital pour y soigner à jamais des plaies étrangères et pour y entendre le râle des agonisants ; que, riche et belle, elle veuille demeurer dans une maison solitaire avec des vieillards infirmes et gâteux ; qu'innocente et pure comme les anges, elle veuille soigner de ses mains virginales l'ulcère qui ronge la fille de perdition. Jamais le monde ne comprendra rien à ces merveilles, tant qu'il ne voudra point voir que nous possédons en Marie un idéal de

beauté morale capable de susciter et d'entre-
tenir tous les héroïsmes.

Oui, autour de vous, tout parle encore
des influences de la glorieuse Vierge et les
pierres mêmes de nos murailles vous don-
nent d'éloquentes leçons. Visitez nos églises;
descendez dans nos cryptes souterraines :
ex-voto nombreux, inscriptions commémo-
ratives, pieuses offrandes, que d'attestations
de la puissance et de la bonté de Marie ! Les
foules le savent et elles accourent dans ses
sanctuaires ; vos prêtres l'invoquent comme
leur protectrice dans les jours mauvais ; nos
évêques ont appelé sur ses statues les plus
vénérées les honneurs des couronnements ;
ils la recommandent chaque jour à notre
amour, et l'un deux (1), résumant d'un mot

(1) Mgr Pierre-Marie Belmont, évêque de Clermont.

toute l'histoire de ses prédécesseurs et la sienne propre, a gravé dans ses armes cette devise, plus instructive qu'un discours : *Tuus sum ego...* Oui, oui, à cette heure même, il y a une femme, il y a une Vierge, il y a une mère, morte depuis vingt siècles, et dont le souvenir est gardé par une fidélité sans égale ! Il y a une mère dont le nom se trouve sur des lèvres indifférentes à tout autre nom, fermées au nom même de Jésus ! Il y a une mère qui a reçu sur plusieurs points de notre région, en d'inoubliables fêtes, des ovations spontanées et immenses, comme n'en reçut jamais aucune créature, et cette femme, cette vierge, cette mère, c'est vous, ô Vierge Marie !

Ce n'est pas, croyez-le, que cela fasse le compte de l'impiété. Elle s'y est prise de mille manières pour combattre le culte de

Marie. Elle l'a fait avec une incroyable audace, il y a quelques années, dans ce livre dont le nom seul est un blasphème, *Lourdes*, et où l'invraisemblance, le mensonge, la luxure se heurtent à chaque ligne. La libre-pensée l'annonçait comme le dernier coup porté aux superstitions cléricales, et il n'est pas sûr qu'il n'y ait point parmi vous quelques-unes de ces catholiques, qui, habituées à ne déposer qu'avec humeur dix centimes chaque dimanche dans le plateau de la charité, n'hésitèrent pas à payer de plusieurs pièces blanches les élucubrations du plus licencieux des romanciers. Mais il y aura longtemps que ce mort sera descendu dans sa fosse, il y aura longtemps que les foules auront oublié sa poussière, et les âmes croyantes et fortes, que les railleries de l'impiété n'émeuvent point et qui prennent en pitié ses sarcasmes, n'auront pas cessé de se prosterner à deux genoux devant les autels de Marie et de lui porter l'hommage de leur confiance indéfectible et de leur foi immuable.

Dans un de nos sanctuaires les plus vénérés de l'Auvergne, à Orcival, sur le bronze d'une cloche on lit cette inscription triomphante : *Maria vincit; Maria regnat; Maria imperat; Maria ab omni malo plebem suam liberat.* Marie triomphe; Marie règne; Marie commande; Marie délivre son peuple de tout mal. C'est, en quelques mots, le résumé de son histoire en Auvergne. Aux origines de notre Eglise, Marie triomphe des ténèbres et des persécutions du paganisme, *Maria vincit ;* dans les âges de fer, quand la barbarie envahissante cherche à briser tous les freins, *Maria regnat ;* Marie règne, malgré tout, et domine. Lorsque l'hérésie fait à notre foi une guerre sans merci, Marie commande à ses flots tumultueux, et elle les contient, *Maria imperat.* Marie, notre patronne et notre mère, dans toutes les circonstances critiques de notre vie nationale, défend son peuple contre tous les dangers, le sauve de toutes les oppressions, *Maria ab omni malo plebem suam liberat.*

Que l'histoire du passé soit aussi l'histoire de l'avenir ! Qu'elle nous reste à jamais, notre sainte Madone ! Qu'elle nous reste pour consoler nos angoisses, pour compatir à nos malheurs, pour nous aider

à porter les lourdes journées d'ici-bas !
Qu'elle nous reste, la Vierge bénie, avec sa
puissance et son maternel sourire, pour
apaiser nos haines, pour pacifier les âmes,
pour obtenir aux catholiques une patience
plus grande que l'adversité, pour accorder à
l'Eglise et à la Patrie, comme elle le fit dans
tous les siècles, le secours opportun !

Et vous, catholiques, qui avez reçu du
passé un tel héritage, demeurez fidèles à ces
traditions ! Gardez vaillamment et fièrement
cette alliance que vos ancêtres, aux temps
reculés, contractèrent avec la Vierge Marie,
non pas seulement en leur nom, mais aussi
au nom des générations nombreuses qu'ils
portaient en eux, et dont vous êtes les
derniers fils. Que quiconque voudrait y
porter atteinte trouve en vous d'invincibles
résistances, et qu'on sache bien qu'il serait

plus facile d'arracher à leurs bases de granit les monuments élevés à Marie sur tant de points de notre sol par la piété de nos pères que d'arracher à vos cœurs son indestructible amour !

DESACIDIFIE
à SABLE : 1994

Imp. Moderne, A. DUMONT, Dir, 13, rue du Port, Clermont-Ferrand